EXPOSITION INTERNATIONALE

ET CONGRÈS

D'HYGIÈNE ET DE SAUVETAGE

DE BRUXELLES

En 1876

IXᵐᵉ CLASSE DU PROGRAMME

INSTITUTIONS

L'AMÉLIORATION DE LA CONDITION DES OUVRIERS

DANS LES ATELIERS

À l'Imprimerie & à la Librairie centrales des Chemins de fer

De MM. A. CHAIX & Cⁱᵉ

EXPOSITION INTERNATIONALE

ET CONGRÈS

D'HYGIÈNE ET DE SAUVETAGE

DE BRUXELLES

En 1876

IXme CLASSE DU PROGRAMME

—

INSTITUTIONS

POUR

L'AMÉLIORATION DE LA CONDITION DES OUVRIERS

DANS LES ATELIERS

CRÉÉES

à l'Imprimerie & à la Librairie centrales des Chemins de fer

De MM. A. CHAIX & Cie

RUE BERGÈRE, 20, A PARIS

MM. A. CHAIX et Cⁱᵉ ont fondé, dans leur Établissement, un ensemble d'institutions destinées à améliorer la condition des ouvriers dans leurs ateliers.

Ils présentent, sous forme de Tableaux, à *l'Exposition internationale d'Hygiène et de Sauvetage de Bruxelles* (IXᵉ classe du programme), un résumé des brochures qui réglementent ces institutions.

Afin de faciliter l'examen de ces Tableaux, MM. A. CHAIX et Cⁱᵉ les produisent ci-après, dans un format réduit.

I

TABLEAUX EXPOSÉS

NOMENCLATURE

DES

TABLEAUX EXPOSÉS

ÉCOLE PROFESSIONNELLE

6 TABLEAUX :

1° — Conditions d'admission et Enseignement technique.
2° — Enseignement primaire et Programme des cours.
3° — Moyens d'Encouragement et d'Émulation.
4° — Compte d'un Apprenti à la fin de son apprentissage.
5° — Prévoyance et Épargne au profit des Apprentis.
6° — Assurances pour les Apprentis.

PERSONNEL DES ATELIERS

6 TABLEAUX :

1° Mesures contre les accidents : — Appareils adaptés aux machines.
2° Mesures contre les accidents : — Réglementation du service des machines.
3° Hygiène des ateliers.
4° Société de Secours mutuels.
5° Précautions contre l'Incendie.
6° Participation aux bénéfices et Caisse de Prévoyance et de Retraite.

DESSINS D'APPAREILS CONTRE LES ACCIDENTS

4 TABLEAUX :

1° — Débrayage instantané de l'arbre principal des transmissions de mouvement.
2° ⎱ Suppression des poulies folles et du mouvement des courroies pendant
3° ⎰ l'arrêt des machines.
4° — Plan de l'installation des sonnettes électriques d'alarme, et dessins des appareils adaptés aux machines.

RÉCOMPENSES OBTENUES

3 TABLEAUX :

1° ⎱
2° ⎰ Récompenses décernées au Chef de l'Établissement.
3° — Récompenses obtenues par le Personnel de l'Établissement.

ÉCOLE PROFESSIONNELLE

CONDITIONS D'ADMISSION

AGE. — Les élèves ne sont reçus d'abord qu'à l'essai : ils doivent être âgés d'au moins *treize* ans accomplis.

CERTIFICATS. — Chaque enfant, présenté par ses parents ou son tuteur, doit fournir un certificat de bonne conduite dans les classes primaires qu'il a fréquentées, et de libération de tout engagement s'il a déjà travaillé chez un autre patron.

EXAMEN. — En entrant, l'enfant subit un examen d'après lequel M. CHAIX apprécie son degré d'instruction.

VISITE MÉDICALE. — Avant d'être admis, il est examiné par le Médecin de la Maison, qui constate s'il a une bonne santé, s'il a été vacciné, et s'il n'a aucune infirmité pouvant l'empêcher d'exercer sa profession.

CONTRAT. — Le temps d'essai terminé, si les aptitudes de l'enfant sont jugées suffisantes, les parents sont appelés à signer un contrat de quatre années pour les apprentis compositeurs, et de trois années pour les apprentis attachés aux machines ou aux services annexes.

LOGEMENT et NOURRITURE. — L'Établissement ne se charge pas de loger ni de nourrir les élèves. Ceux-ci doivent habiter chez leurs parents, tuteurs ou correspondants, ou, à défaut, dans une maison spéciale d'apprentis.

SURVEILLANCE. — Une surveillance constante est exercée sur eux, au dehors comme à l'intérieur de la Maison.

(Voir Brochure n° 3, page 8.)

ENSEIGNEMENT TECHNIQUE

APPRENTIS COMPOSITEURS. — La direction du travail pratique est confiée à deux contre-maîtres principaux : l'un pour la composition, l'autre pour le travail des machines. — Les apprentis compositeurs sont placés dans une salle spéciale, tout à fait distincte des autres ateliers, et munie de tout le matériel nécessaire à leurs travaux. Pendant la 1re année, les élèves sont occupés à apprendre les principes généraux de la composition : levée de la lettre, espacement, justification, distribution, composition de lignes, connaissance des différents types. — La 2e et la 3e année, ils sont exercés graduellement, suivant leurs forces, à la composition des titres, des tableaux, à la correction d'épreuves. — En 4e année, ils sont exercés spécialement à l'imposition, à la mise en pages et à la surveillance du travail des plus jeunes élèves.

CLASSEMENT MENSUEL. — Le travail et la tenue sont constatés chaque jour par une note. L'ensemble des notes obtenues détermine l'ordre du classement mensuel du travail pratique, qui est affiché au Tableau d'honneur placé dans la salle de travail. A la fin de l'année, la moyenne résultant de ces notes sert à fixer la part qui revient à chacun dans la Caisse de Répartition.

APPRENTIS DES MACHINES. — Aux machines et dans les autres services, les enfants sont instruits et dirigés par les conducteurs et les contre-maîtres. Une note sur leur conduite et leurs progrès est remise chaque jour à M. CHAIX et communiquée, tous les mois, à leurs parents ou répondants.

Voir Brochure n° 3, pages 11 et 12.

GRATIFICATIONS

Les Apprentis touchent des *Gratifications* qui sont proportionnées au temps de l'apprentissage et au travail produit ; elles sont fixées tous les mois par M. CHAIX, sur l'avis des Contre-Maîtres et des Employés chargés des cours.

IL EST ACCORDÉ, PAR JOUR, A CHAQUE ÉLÈVE COMPOSITEUR			LES ENFANTS DES MACHINES TOUCHENT		
1° Après une période de six mois d'essai	fr.	50	1° Pendant la période d'essai	fr.	75
2° Pendant le cours de la 2me année	1	»	2° Après trois mois	1	»
3° Pendant le cours de la 3me année	1	50	3° Après six mois	1	25
4° Pendant le cours de la 4me année	2	»	4° Après neuf mois	1	50
5° Pendant les six autres mois	2	50	Les enfants, à partir de trois mois en trois mois, jusqu'à la fin de l'apprentissage		

Voir Brochure n° 3, pages 13 et 14.

ÉCOLE PROFESSIONNELLE

ENSEIGNEMENT PRIMAIRE

DONNÉ PAR DIX CHEFS DE SERVICE ET EMPLOYÉS DE L'ÉTABLISSEMENT,

ET COMPRENANT

18 Cours pour les Élèves compositeurs (*deux heures de classe par jour*) :

10 Cours pour les Apprentis margeurs et les enfants des services annexes.

Ces derniers Élèves sont divisés en deux catégories, suivant leur âge et leur degré d'instruction (*une heure de classe par jour* pour chaque division).

ABRÉGÉ DU PROGRAMME DES COURS

Voir ce Programme d'autre part.

ABRÉGÉ DU PROGRAMME DES COURS

	DÉSIGNATION DES COURS	NOMBRE de cours par mois	1re ANNÉE	2e ANNÉE	3e ANNÉE	4e ANNÉE
ENSEIGNEMENT PRIMAIRE SPÉCIAL	Langue française.	6	Le nom. L'article. — Principes généraux de la composition de la phrase. Analyses. — Lecture de morceaux choisis.	L'adjectif. Le pronom. — Principes de rédaction. — Notices sur les grands écrivains du siècle de Louis XIV.	Le verbe. Le participe. — Narrations. Descriptions. — Notions sur les grands écrivains du règne de Louis XV.	Mots invariables. — Ponctuation. — Narrations. — Descriptions. — Notions sur les grands écrivains du règne de Louis XVI, de la Révolution et du XIXe siècle.
	Arithmétique et Géométrie	4	*Arithmétique :* Les quatre premières règles. *Géométrie :* Lignes, Angles. — Instruments typographiques.	*Arithmétique :* Fractions décimales. Système métrique. Système monétaire. *Géométrie :* Surfaces. — Problèmes appliqués à la typographie.	*Arithmétique :* Propriétés des nombres, Puissances, Racines. *Géométrie :* Volumes. — Mesures des solides. — Problèmes appliqués à la typographie.	*Arithmétique :* Règle de trois, d'intérêt, de société ; mélanges, alliages, etc. — Notation algébrique. *Géométrie :* Figures usuelles du dessin linéaire. Plans, Coupes, Courbes, etc.
	Histoire.	3	Principaux faits de l'histoire ancienne. Histoire de France jusqu'à la fin du règne des Mérovingiens.	Histoire de France depuis Charlemagne jusqu'à la fin de la guerre de Cent Ans.	Histoire moderne, depuis la fin de la guerre de Cent Ans jusqu'à Louis XIII.	Histoire moderne, depuis Louis XIII jusqu'à nos jours.
	Géographie.	3	Notions de Géographie ancienne. — Géographie générale du Globe. — Notions de cosmographie.	Géographie de la France. — France physique. Aspect, productions, industrie. — Anciennes divisions.	France. — Nouvelles divisions — Importance des principales villes au point de vue industriel, commercial et historique. — Chemins de fer et canaux. — Centres de production de l'imprimerie.	Géographie physique et politique de l'Europe.
	Lecture française.	2	Lecture correcte, liaisons, intonations, etc. — Explication des mots. — Récits par les élèves. — Considérations morales. — Vie des ouvriers illustres.	*Même programme que pour la première année.*	*Même programme que pour la première année.*	*Même programme que pour la première année.*
	Comptabilité.	1	Notions générales. — Principes de la comptabilité en partie simple.	Principes de la comptabilité en partie double.	Exercices d'écritures passées aux différents livres.	Comptes d'intérêts. — Billets ; connaissements ; lettres de change, de voiture ; actes et liquidations de sociétés.
E	Composition typographique	2	*Fonderie :* Gravure des poinçons. — Frappe des matrices. — Machines à fondre les caractères. — Métaux employés. — Opérations de la fonte et de l'apprêtage. — Forme et dénomination des différents types.	*Composition :* Outils. — Règles de la composition : textes, titres, tableaux, etc. — Emploi des vignettes, filets et ornements. — Imposition des divers formats. — Distribution.	*Accessoires de la typographie :* Stéréotypie, galvanoplastie, gravure, paniconographie ; procédés de réduction ou de grandissement ; argenture et aciérage, pour l'emploi de certaines encres de couleur.	*Papiers :* Fabrication. — Dénomination et dimensions des formats. Emploi raisonné des différentes sortes ; impôt du timbre. Brochage, reliure, réglure, numérotage, timbrage, satinage, glaçage, etc.
	Grammaire typographique.	2	Notions générales : Lecture de la copie. — Signes de corrections, etc. Le nom. — L'article. — Difficultés	L'adjectif. — Le pronom. — Le verbe. — Les nombres. Difficultés ortho-	Emploi de l'italique. — Divisions, espacements. — Disposition des	Composition de la poésie. — Pièces de théâtre. — Ouvrages en langues

			Écriture à la dictée.	des exercices nouveaux.	des exercices nouveaux.	des exercices nouveaux.
ENSEIG…	Impressions et tirages.	1	Pas de cours la 1re année.	Pas de cours la 2e année.	Presses à bras. — Machines simples : Montage, habillage, mise en train, tirage. — Trempage, glaçage, rouleaux, encres.	Machines doubles et à réaction : Montage, habillage, mise en train, tirage sur caractère mobile, sur bois, clichés, vignettes.
	Lithographie.	1	Pas de cours la 1re année.	Pas de cours la 2e année.	Invention de la Lithographie. — Pierres, encres, instruments. — Gravure, reports, autographie, chromo-lithographie. — Typo lithographie.	Travaux à la plume, au crayon, en gravure. Gravure sur métaux et sur bois. — Galvanoplastie, photogravure, emploi du caoutchouc. — Impressions diverses. — Presses. — Papiers.
ENSEIGNEMENT COMPLÉMENTAIRE	Histoire de l'Imprimerie.	2	Pas de cours la 1re année.	Pas de cours la 2e année.	Histoire des arts graphiques avant l'invention de l'Imprimerie. — Découverte de l'Imprimerie, sa propagation, ses développements. Histoire des caractères, des presses, du papier.	Vie et travaux des Imprimeurs illustres. Histoire de la Librairie. L'Imprimerie Nationale. — Notions sur les grands Écrivains anciens et modernes, jusqu'à Louis XIV.
	Physique et Mécanique.	2	Physique : L'air. Mécanique : Les forces en général. Histoire naturelle : Généralités. — Les Mammifères.	Physique : L'eau. Mécanique : Leviers, treuils, etc. Histoire naturelle : Les oiseaux, les reptiles, les poissons.	Physique : Chaleur. — Vapeur. Mécanique : Les machines typographiques. Histoire naturelle : Les insectes.	Physique : Aimantation, électricité. Mécanique : Machines typographiques. Histoire naturelle : Les Mollusques.
	Chimie industrielle.	1	Pas de cours la 1re année.	Pas de cours la 2e année.	Corps simples. — Corps composés. — Acides. — Sels. — Fonte des caractères. — Clicherie. — Encres. — Colles. — Rouleaux d'imprimerie.	Huiles. — Graisses. — Potasse, Soude. — Essence de térébenthine. — Papiers. — Acides employés en Lithographie. — Cire vierge. — Graissage et lubrification des machines.
	Assurances	2	Généralités sur l'Épargne, l'Économie, le Capital, le Travail. — Moyens de faire fructifier le produit du Travail. — Caisses d'Épargne et de Retraite.	Mêmes notions générales. Assurances en cas d'accident et de décès.	Mêmes notions générales. Assurances sur la vie, contre l'incendie, la foudre, la grêle, etc.	Mêmes notions générales. Sociétés de secours mutuels, de prévoyance, de participation. — Solidarité entre les patrons et les ouvriers.
	Législation usuelle.	2	Code civil. — LIVRE Ier : Des personnes. — LIVRE II : Des biens et des modifications de la propriété.	Code civil. — LIVRE III : Successions, Donations, Testaments, Contrats et Obligations, Engagements qui se forment sans convention.	Code civil. LIVRE III : Différentes espèces de contrats. Transactions. — Contrainte par corps. — Privileges et hypothèques. — Expropriation forcée. — Prescription.	Code de commerce. — LIVRE I : Commerçants, Livres, Sociétés, Achats et Ventes. Lettre de change. — LIVRE II : Faillites. Législation spéciale à la presse, Prud'hommes, Travail des enfants, Apprentissage.
	Économie industrielle.	2	Pas de cours la 1re année.	Pas de cours la 2e année.	Notions préliminaires. — Richesse. — Utilité. — Valeur. — Propriété. — Intérêt individuel et social. — Échange. — Monnaie. Production de la richesse : Terre, capital, travail.	Échange, circulation et répartition de la richesse : Salaire, intérêt du capital, rente foncière, Crédit, Population. — Bien-être et misère, etc.

ÉCOLE PROFESSIONNELLE

MOYENS D'ENCOURAGEMENT & D'ÉMULATION

Jetons de présence aux cours, valeur 10 centimes ; — Gratifications en argent ; — Tableau d'honneur ; — Distribution de Prix ; — Bibliothèque ; — Conférences.

Voir Brochure n° 3, pages 15 et suivantes, et Brochures n° 4, 6 et 8.

ÉTAT DES JETONS DE PRÉSENCE DÉLIVRÉS AUX APPRENTIS

ANNÉES	COMPOSITEURS	MARGEURS ET DIVERS	TOTAL	MONTANT EN ARGENT
1867	2,126 Jetons	2,141 Jetons	4,267 Jetons	426 fr. 70
1868	2,688 —	1,344 —	4,032 —	403 20
1869	1,713 —	1,763 —	3,476 —	347 60
1870	1,251 —	1,445 —	2,696 —	269 60
1871	2,104 —	1,939 —	4,043 —	404 30
1872	3,493 —	4,191 —	7,684 —	768 40
1873	4,302 —	5,270 —	9,572 —	957 20
1874	4,458 —	5,978 —	10,436 —	1,043 65
1875	5,588 —	7,652 —	13,240 —	1,324 »

DISTRIBUTIONS DE PRIX. — Deux distributions de Prix ont lieu chaque année : l'une au 1ᵉʳ janvier, l'autre au mois de septembre. — Dans cette dernière, à laquelle les Parents assistent, il est remis aux Élèves méritants des récompenses diverses, qui consistent principalement en outils, ouvrages professionnels, livres instructifs, diplômes, livrets de la Caisse d'Épargne, livrets de la Caisse des retraites de l'État, etc.

BIBLIOTHÈQUE — composée de 600 volumes environ. — Le nombre des volumes donnés en lecture est de 800 à 900 par année.

CONFÉRENCES — sur l'hygiène, l'épargne, l'abus des boissons, l'usage du tabac. — Dans sa séance du 19 février 1870, l'*Association française contre l'abus du tabac* a accordé la médaille d'argent à l'École professionnelle de M. CHAIX. — En 1873, rappel de médaille.

DISTRIBUTION DE PETITS LIVRES INSTRUCTIFS. — De petits livres instructifs et amusants sont donnés, dans le courant de l'année, aux apprentis, en récompense de devoirs bien faits ou de bonne tenue. Le nombre distribué a été, en 1873, de 306, — en 1874, de 329, — en 1875, de 192.

SERGENTS. — Fonctions données aux plus méritants, qui sont chargés de la surveillance des cours et du maintien de l'ordre. — Les sergents reçoivent, à titre de récompense, soit leur photographie 12 exemplaires, soit une somme de cinq francs.

LIVRES-NOTES — pour la mise au net des leçons. — Des récompenses sont décernées aux apprentis qui tiennent leur livre-note avec soin.

TABLEAU D'HONNEUR — affiché dans la salle des classes et indiquant le classement hebdomadaire des compositions, par ordre de mérite, d'une part pour l'enseignement technique, d'autre part pour l'enseignement primaire.

RAPPORTS AVEC LES PARENTS

Au moyen d'un livret ou de bulletins contenant le compte mensuel et les notes de l'Apprenti.

Voir Brochure n° 3, page 6.

ÉCOLE PROFESSIONNELLE

COMPTE D'UN APPRENTI A LA FIN DE SON APPRENTISSAGE

I. — APPRENTI COMPOSITEUR

1° SOMMES TOUCHÉES	FR.	FRANCS	FRANCS
		—	—
GRATIFICATIONS MENSUELLES — 1re année. — 150 jours à 0 f.50.	75		
2e — 300 à 1 .	300		
3e — 300 — à 1 5e.	150	1.500	
1er semest. à 2 .	360		
2e à 2 50.	375		
Retenue du quart pour le capital d'épargne.		375	
Reste.		1.125	
JETONS DE PRÉSENCE AUX COURS. — Moyenne par an : 200 jetons à 10 centimes = 20 francs, soit, pour 4 ans.		80	
GRATIFICATIONS DE SERGENT. — Moyenne d'un apprenti ordinaire, 4 fois dans le cours de son apprentissage, à 5 fr.		20	1.410
CAISSE DE RÉPARTITION. — 1er tiers distribué chaque année; ensemble des 4 années.		185	
2° CAPITAL D'ÉPARGNE A LA FIN DE L'APPRENTISSAGE			
GRATIFICATION MENSUELLE. — Quart retenu.		375	
CAISSE DE RÉPARTITION. — 2e tiers payé en fin d'apprentissage.		185	560
3° CAISSE DE RETRAITE POUR LA VIEILLESSE			
Fonds versés à la Caisse des Dépôts et Consignations de l'État.			
VERSEMENT ANNUEL : 15 francs, soit pour 4 ans, 60 francs, divisés comme suit :			
1° Quatre versements annuels de 5 francs.		20 »	
2° Quatre versements annuels de 10 fr., provenant de la Caisse commune des apprentis, répartis tous les 5 ans et produisant, en raison des plus-values et des déchéances, une moyenne de.		75 »	280 »
CAISSE DE RÉPARTITION. — 3e tiers acquis après la 5e année.		185 »	
TOTAL.			2.250 »

[Note au bas du tableau, en partie illisible :] Ce capital de 250 francs forme pour un apprenti ayant représenté, à l'âge de vingt-cinq ans, une rente viagère de 200 francs, définitivement acquise à l'élève. — Si l'apprenti devenu ouvrier reste dans la Maison, M. Chaix continue les versements, qui, ajoutés à la somme de 280 francs ci-dessus, constituent un capital de 560 francs produisant une rente de 100 francs environ.

II. — APPRENTI MARGEUR

1° SOMMES TOUCHÉES	FR.	FRANCS	FRANCS
		—	—
GRATIFICATIONS MENSUELLES — 1re ann.—300 j. de 0 f.75 à 1 f.50.	237		
2e — de 1 75 à 2 50.	637		
3e — de 2 75 à 3 50.	956	3.085	
4e — de 4 à 4 50.	1.275		
JETONS DE PRÉSENCE AUX COURS. — Moyenne par an : 200 jetons à 10 centimes = 20 francs, soit, pour 4 ans.		80	3.185
GRATIFICATIONS DE SERGENT. — Moyenne d'un apprenti ordinaire, 4 fois dans le cours de son apprentissage, à 5 fr.		20	
2° CAISSE DE RETRAITE POUR LA VIEILLESSE			
VERSEMENT ANNUEL : 15 francs, soit pour 4 ans, 60 francs divisés comme suit :			
1° Quatre versements annuels de 5 francs		20 »	
2° Quatre versements annuels de 10 francs, provenant de la Caisse commune des apprentis, répartis tous les 5 ans et produisant, en raison des plus-values et des déchéances, une moyenne de.		75 »	95 »
TOTAL.			3.280 »

[Note au bas du tableau, en partie illisible :] Ce capital de 95 francs forme pour un apprenti margeur, ayant représenté, à l'âge de vingt-cinq ans, une rente viagère de [illisible] francs, définitivement acquise à l'élève. — Si l'apprenti devenu ouvrier reste dans la Maison, M. Chaix continue les versements, qui, ajoutés à la somme ci-dessus, constituent un capital de 500 francs produisant une rente de 25 francs environ.

Voir Brochure n° 3, pages 9, 16, 18, 19, 20 et 21.

PRÉVOYANCE ET ÉPARGNE

AU PROFIT DES APPRENTIS

1re CAISSE DE RETRAITES SPÉCIALE AUX APPRENTIS

Cette Caisse est constituée au moyen d'un don de 15 francs par an, fait par M. CHAIX, au nom de chaque enfant, et produisant, à l'âge de 55 ans, une rente viagère d'environ 400 francs. *(Voir Brochure n° 3, pages 19 et 20.)*

SITUATION DE LA CAISSE AU 31 DÉCEMBRE 1875

ANNÉES	RECETTES — Versements de M. CHAIX	SOMMES	
1869	Don de M. CHAIX et produit des amendes	1.000 fr. 50	
1870	do do	766 20	
1871	do do	788 »	5.235 fr. 50
1872	do do	961 75	
1873	do do	1.717 05	

ANNÉES	DÉPENSES, VERSEMENTS ANNUELS aux Caisses de retraites et d'assurances	SOMMES	
1869	45 Livrets de 5 francs.	225 fr. »	
1870	41 do de 5 et 13 Polices	291 15	
1871	59 do de 5 19	123 55	2.131 fr. »
1872	57 do de 5 19	413 55	
1873	57 do à 10 fr., 66 à 5 francs 27	1.080 75	

Première Répartition quinquennale faite entre 67 Apprentis (Compositeurs et Margeurs) présents au 1er Janvier de l'année. . . . . 2.799 fr. 50

ANNÉES	RECETTES — Versements de M. CHAIX	SOMMES
1874	Don de M. CHAIX et produit des amendes	1.321 fr. 05
1875	do do	1.479 45

	DÉPENSES. — VERSEMENTS ANNUELS aux Caisses de retraites et d'assurances	SOMMES
1874	76 Livrets de 5 francs et 49 Polices	616 fr. 70
1875	87 do 5 48 do	729 85

2e CAISSE DE RÉPARTITION

La Caisse de Répartition est destinée à allouer aux jeunes Compositeurs une part dans les bénéfices réalisés sur les travaux qu'ils exécutent. Cette part varie de 40 à 250 fr. par année, pour chacun, suivant la catégorie de l'Apprenti. — *Voir Brochure n° 5, pages 21 et 22.*

SITUATION DE LA CAISSE AU 31 DÉCEMBRE 1875

Années	TOTAL de la Répartition	TIERS payé comptant	TIERS payé à la fin de l'apprentissage	TIERS à répartir tous les 5 ans
1869	1.873 fr. »	626 fr. »	626 fr. »	626 fr. »
1870	1.739 »	579 »	579 »	579 »
1871	616 30	205 40	205 40	205 40
1872	1.573 20	524 40	524 40	524 40
1873	1.222 »	407 30	407 30	407 30
	Total 7.023 fr. 50	Total 2.342 fr. 10	Total 2.342 fr. 10	Total 2.342 fr. 10
	Première Répartition quinquennale faite entre 27 Apprentis présents au 1er Janvier de l'année 1874. 2.342 fr. 10			
1874	668 fr. »	222 fr. 65	222 fr. 65	222 fr. 65
1875	550 »	183 33	183 33	183 33

<table>
<tr><th>3e CAISSE D'ÉPARGNE</th><th>4e CAISSE D'ÉPARGNE SCOLAIRE</th></tr>
<tr><td>Le CAPITAL D'ÉPARGNE DES APPRENTIS est formé au moyen de retenues opérées sur leurs gratifications mensuelles. Ce capital, qui leur est remis à la fin de l'apprentissage, s'élève à 350 ou 400 francs. Voir Brochure n° 3, page 19.

16 Apprentis, devenus ouvriers, ont touché ensemble 5.680 francs.</td><td>CAISSE D'ÉPARGNE SCOLAIRE, dans laquelle les Apprentis font des versements facultatifs, qui sont déposés en leur nom à la Caisse d'Épargne de Paris. M. CHAIX fait un don de cinq francs lors de l'inscription de chaque nouveau livret.

En 1875 : 53 Apprentis ont fait un versement de 251 francs.</td></tr>
</table>

ASSURANCES POUR LES APPRENTIS

1° ASSURANCES EN CAS D'ACCIDENTS

Assurances en cas d'accidents en faveur des Apprentis, leur garantissant une rente viagère de 250 à 300 francs par an, suivant l'âge du blessé. Cette assurance est contractée aux frais de la Maison à la Caisse des Dépôts et Consignations, avec clause de substitution en cas de départ d'un enfant.

1872		1873		1874	
NOMBRE D'ASSURÉS	SOMME PAYÉE	NOMBRE D'ASSURÉS	SOMME PAYÉE	NOMBRE D'ASSURÉS	SOMME PAYÉE
54 apprentis	**320 francs**	48 apprentis	**320 francs**	56 apprentis	**400 francs**

1875		1876		TOTAL DES CINQ ANNÉES	
NOMBRE D'ASSURÉS	SOMME PAYÉE	NOMBRE D'ASSURÉS	SOMME PAYÉE	NOMBRE D'ASSURÉS	SOMME PAYÉE
70 apprentis	**440 francs**	69 apprentis	**612 francs**	297 apprentis	**2092 francs**

2° ASSURANCES EN CAS DE DÉCÈS

Assurances en cas de décès : 560 francs payés aux parents de l'apprenti en cas de mort de leur enfant. Cette assurance est également contractée aux frais de la Maison au nom des enfants âgés de 16 ans accomplis.

1872		1873		1874	
NOMBRE D'ASSURÉS	SOMME PAYÉE	NOMBRE D'ASSURÉS	SOMME PAYÉE	NOMBRE D'ASSURÉS	SOMME PAYÉE
25 apprentis	**170 francs**	29 apprentis	**196 francs**	32 apprentis	**214 francs**

1875		1876		TOTAL DES CINQ ANNÉES	
NOMBRE D'ASSURÉS	SOMME PAYÉE	NOMBRE D'ASSURÉS	SOMME PAYÉE	NOMBRE D'ASSURÉS	SOMME PAYÉE
49 apprentis	**326 francs**	61 apprentis	**404 francs**	196 apprentis	**1310 francs**

3° CONFÉRENCES

Conférences mensuelles sur les avantages de l'Épargne et de la Prévoyance

HYGIÈNE

Conférences sur l'hygiène. — Interdiction absolue de fumer pendant le temps d'apprentissage. — Interdiction de fréquenter les débits de liqueurs. — Inspection de tenue tous les lundis. — Boisson tonique pour remplacer l'eau pendant les chaleurs. — Appareil de chauffage pour les déjeuners. — Ventilation et aérage de la salle de classe et de l'atelier spécial. — Chauffage à la vapeur.

INSPECTION MENSUELLE DU MÉDECIN

Une inspection hygiénique a lieu le premier lundi de chaque mois par le Médecin de la Maison.

Des médicaments propres à améliorer la santé des enfants sont fournis gratuitement, indépendamment de ceux qui sont donnés en cas de maladie par la Société de secours mutuels. Ces médicaments ont consisté principalement, pour l'année 1875, en : Huile de foie de morue, Sirop de gentiane, Sirop antiscorbutique, Vin de quinquina : 96 flacons ; — Bains de propreté, Bains médicinaux : 177 bains.

MESURES CONTRE LES ACCIDENTS

1ᵉʳ TABLEAU

I. APPAREILS ADAPTÉS AUX MACHINES

1º **APPAREILS SPÉCIAUX** appliqués exclusivement, ou du moins pour la première fois, dans les Ateliers de MM. CHAIX et Cⁱᵉ, savoir :

BIELLES

TAMBOUR — destiné à garantir contre les atteintes de la tête de bielle les personnes circulant à proximité des machines. *Voir les Dessins ci-contre, fig. E.*

GARDE-PIEDS — consistant en un panneau placé sous la table des receveurs de feuilles, du côté opposé au tambour, pour garantir les enfants qui tendent leurs jambes vers la tête de bielle, ou qui, par nonchalance, tombent de leur tabouret. *Voir les Dessins ci-contre, fig. F.*

ENGRENAGES

COUVRE-ENGRENAGES DU MOUVEMENT DE L'ENCRIER — pour permettre la pose du pied pendant la marche de la machine. *Voir les Dessins ci-contre, fig. G.*

COUVRE-ENGRENAGES DU CYLINDRE — pour garantir les mains du margeur. *(Voir les Dessins ci-contre, fig. H.*

PARE-CRÉMAILLÈRE — composé d'une plaque en tôle *fig. I* et d'un petit châssis garni d'une grille métallique *fig. J*, pour préserver les pieds du margeur de la crémaillère du marbre de la machine.

TRINGLE MOBILE DES CORDONS. — Les tringles de serrage des cordons, qui étaient fixes autrefois, ont été rendues mobiles, pour que le margeur puisse retirer sa main dans le cas où elle serait prise entre la tringle et le cylindre. *Voir les Dessins ci-contre, fig. K.*

COUVRE-ENGRENAGES DE LA RAQUETTE — pour préserver le receveur de feuilles, qui risque de se blesser en appuyant les mains sur cette partie de la machine. *Voir les Dessins ci-contre, fig. L.*

TABLE pour garantir les ouvriers contre les coups du marbre. *Voir les Dessins ci-contre, fig. M.*

LAMINOIRS

GARDE-MAINS — adaptés aux machines à glacer, pour empêcher les enfants d'approcher leurs mains des cylindres. Cet appareil se compose d'une double tringle en fer, recourbée à ses extrémités et fixée sur la table qui reçoit les plaques de glaçage, à une distance de 20 à 30 centimètres des cylindres, de manière à laisser passer les plaques tout en arrêtant les mains. *Voir les Dessins ci-contre, fig. N.*

Cette disposition paraît n'avoir été appliquée encore dans aucun autre Établissement.

SONNETTES D'ALARME

APPAREILS ÉLECTRIQUES — au moyen desquels on peut, en cas d'accident, donner un signal pour arrêter instantanément toutes les transmissions et, par suite, le mouvement des machines. *Voir sur les Dessins ci-contre, fig. P.*

DÉBRAYAGES INSTANTANÉS — placés dans l'atelier et dans la salle des générateurs, pour arrêter immédiatement, à ce signal, la transmission principale. *Voir les Dessins ci-contre.*

2º **APPAREILS EMPLOYÉS DANS D'AUTRES ÉTABLISSEMENTS,** pour permettre au personnel de circuler sans danger autour des machines, tels que :

PARE-ENGRENAGES des roues d'angles. — GARDE-VOLANTS. — TAMBOURS isolant les courroies et les transmissions, etc. *Voir les Dessins ci-contre, fig. A, B, C, D.*
Voir Brochure nº 7, pages 7 et suivantes.

MESURES CONTRE LES ACCIDENTS

2ᵐᵉ TABLEAU

II. RÉGLEMENTATION DU SERVICE DES MACHINES

& INSTRUCTIONS POUR ÉVITER LES ACCIDENTS

Les mesures énumérées dans le 1ᵉʳ Tableau sont complétées par une série d'Instructions destinées, notamment, à recommander au personnel employé aux machines les précautions à prendre contre les accidents; — à régler le service des Sonneries électriques, le service d'incendie et le mode de Surveillance de l'Établissement pendant la nuit; — enfin, à indiquer aux fondeurs de caractères les moyens de prévenir les coliques de plomb.

1° INSTRUCTION-AFFICHE — placée à chaque machine, pour rappeler constamment aux ouvriers, et surtout aux enfants, les précautions qu'ils ont à prendre pour éviter les accidents.

Cette Instruction, reproduite en format de poche, est remise aux ouvriers et aux enfants employés aux machines, le jour de leur entrée dans la Maison. (*Voir Brochure nº 7, annexe nº 1.*)

2° ORDRE DE SERVICE — affiché dans toutes les parties des Ateliers, et relatif à la responsabilité des Contre-Maîtres et des Chefs-Ouvriers, en cas d'accident survenu à la machine qu'ils dirigent. (*Voir Brochure nº 7, annexe nº 2.*)

3° ORDRE DE SERVICE — défendant expressément de travailler autour des machines avec des blouses, des vestes non boutonnées ou des vêtements flottants. (*Voir Brochure nº 7, annexe nº 3.*)

4° INSTRUCTION RELATIVE AUX COLIQUES DE PLOMB — affichée dans l'atelier des fondeurs de caractères, et indiquant aux ouvriers les précautions à prendre pour se préserver des maladies causées par le plomb et ses alliages. (*Voir Brochure nº 7, annexe nº 4.*)

5° INSTRUCTION — pour le service des sonneries électriques et du débrayage instantané des transmissions, en cas d'accident. (*Voir Brochure nº 7, annexe nº 5.*)

6° INSTRUCTION — sur la manœuvre des conduites d'eau et sur les moyens de sauvetage en cas d'incendie. — Cette Instruction a pour objet de faire connaître au personnel de la Maison l'organisation et la réglementation du service d'eau forcée de Seine, établi dans l'Imprimerie et ses dépendances, pour l'extinction du feu en cas d'incendie. (*Voir Brochure nº 7, annexe nº 6, et Bulletin de service nº 9.*)

7° ORDRE DE SERVICE CONCERNANT LES SURVEILLANTS DE NUIT. — La surveillance de l'Établissement, pendant la nuit, est confiée à quatre employés spéciaux dont les attributions principales consistent en rondes dans les différentes parties de la Maison. — premières mesures à prendre en cas d'incendie ou de blessures. — maintien du bon ordre dans les Ateliers et interdiction de leur accès à toute personne étrangère. (*Voir Brochure nº 7, annexe nº 7, et Bulletin de service nº 10.*)

HYGIÈNE DES ATELIERS

ÉCLAIRAGE

Pendant le jour, la lumière pénètre à travers une toiture vitrée qui recouvre le grand Atelier et ses principales Annexes. — En été, des stores en toile, arrosés plusieurs fois par jour, sont tendus au-dessus du vitrage; sur quelques points, les vitres sont dépolies. — Pendant les travaux de nuit, l'éclairage a lieu au moyen de becs de gaz munis d'abat-jour.

VENTILATION

Nombreux vasistas dans les couvertures vitrées du grand Atelier et des Annexes. — Vasistas à toutes les fenêtres des ateliers et des bureaux. — Cheminée de ventilation avec aspirateur pour les cabinets d'aisances. — Turbine à vapeur aspirant l'air impur des cabinets et le refoulant dans la cheminée de ventilation.

CHAUFFAGE

La vapeur, prise à haute pression à la chaudière, est transportée dans un cylindre où elle se détend et d'où elle est distribuée dans les différentes parties de l'Établissement, au moyen de tuyaux en métal dont plusieurs correspondent à des appareils calorifiques en fonte à lames multiples. Le détendeur de vapeur est muni de robinets de distribution et d'un manomètre.

ASCENSEURS

Trois ascenseurs pour fardeaux : 1° Un ascenseur pour les papiers ; — 2° Un ascenseur pour les pierres lithographiques ; — 3° Un ascenseur pour les formes d'imprimerie.

PRÉSERVATION CONTRE LES ATTEINTES DES MACHINES

Suppression des poulies folles et du mouvement des courroies pendant l'arrêt des machines, par l'emploi d'appareils détecteurs *Voir ci-contre le Dessin de ces appareils*.

Débrayage instantané de l'arbre moteur principal, pour l'arrêt immédiat des machines en cas d'accident *Voir ci-contre les Dessins de ce débrayage*.

Sonnettes électriques d'alarme pour requérir, en cas d'accident, le débrayage instantané des machines. Un cordon de la sonnerie sert à prévenir les ateliers de la mise en marche des appareils à vapeur, à chaque reprise de travail *Voir ci-contre le Plan de l'installation des sonnettes d'alarme. Voir également Brochure n° 7*.

Appareils adaptés aux machines et instructions pour prévenir les accidents *Voir ci-contre les Tableaux et les Dessins relatifs aux Mesures prises contre les accidents. Voir également Brochure n° 7*.

CHAUDIÈRES A VAPEUR

Deux chaudières tubulaires inexplosibles, système BELLEVILLE. — Appareil de réchauffement et de purge de l'eau d'alimentation. — Alimentation automatique. — Emploi de la glycérine pour prévenir les incrustations.

INSTRUCTIONS HYGIÉNIQUES

Conseils sur l'hygiène donnés par le Médecin de l'Établissement dans les réunions générales *Voir Brochure intitulée : QUELQUES CONSEILS D'HYGIÈNE*.

Instruction spéciale sur l'hygiène à observer pour les fondeurs de caractères *Voir Brochure n° 7, annexes*.

ALIMENTS

Appareil de chauffage pour les déjeuners du personnel de l'Établissement. — Restaurant économique établi dans la Maison. — Boissons toniques distribuées gratuitement pendant l'été.

BAINS A PRIX RÉDUITS

SOCIÉTÉ DE SECOURS MUTUELS

Le fonds de la SOCIÉTÉ est établi au moyen d'une retenue de 80 centimes par quinzaine pour les Ouvriers et de 1 fr. 75 par mois pour les Employés. — Les Ouvrières et les Apprentis ne paient que 40 centimes par quinzaine.

La Société est obligatoire pour tout le Personnel de l'Établissement.

Après un stage de trois mois, les malades hommes reçoivent 2 francs par jour; les dames et les enfants reçoivent 1 franc. — Durée de l'allocation : Six mois. — Soins gratuits du Médecin. — Médicaments du Codex, fournis gratuitement. — Bains et bandages à prix réduits. — Consultations du Médecin au siège de l'Établissement deux fois par semaine. — Les dames en couches reçoivent 50 francs d'indemnité. — Au décès d'un sociétaire, il est alloué 50 francs pour les frais funéraires.

Un Comité élu, composé de dix Membres, administre la Société.

ANNÉES	NOMBRE DES MALADES				NOMBRE de JOURNÉES de MALADIE	MONTANT des COTISATIONS	MONTANT des SOMMES PAYÉES
	HOMMES	FEMMES	ENFANTS	TOTAL			
(1)1860	47	10	18	75	1.934	3.738ᶠ05	3.738ᶠ05
1861	45	4	2	51	1.535	2.789 50	2.789 50
1862	46	6	8	58	1.462	3.025 75	3.025 75
1863	47	8	7	62	1.900	3.426 90	3.426 90
1864	55	13	6	71	2.234	5.053 90	4.705 80
1865	70	12	5	87	1.899	5.087 36	3.713 50
1866	74	14	7	95	2.496	4.713 77	4.687 35
1867	43	12	10	65	1.842	4.469 05	3.299 30
1868	44	9	11	64	1.496	4.900 45	2.720 45
1869	60	16	28	104	2.232	5.755 27	4.385 85
1870	80	12	16	108	3.057	6.385 30	5.798 90
1871	59	4	11	74	2.770	4.973 85	5.567 45
1872	91	17	18	126	2.760	8.137 90	4.994 60
1873	85	17	15	117	2.973	8.977 50	5.274 90
1874	92	16	18	126	3.118	10.572 »	6.564 75
1875	118	23	27	168	4.726	11.211 40	10.543 25
	1.056	193	207	1.456	38.434	93.217ᶠ95	75.236ᶠ30

(1) Les sommes payées au personnel, antérieurement à 1860 (de 1845 à 1859), se sont élevées à . . . . 19.526 »

Total général . . 94.762ᶠ30

PRÉCAUTIONS CONTRE L'INCENDIE

1° MOYENS PRÉVENTIFS

Rondes de Sûreté (deux de jour et six de nuit), effectuées dans les Ateliers, dans les Bureaux et sur les Toits, par deux Gardiens de service. — 23 boîtes de pointage dans les différentes parties de l'Établissement, pour constater le passage des Gardiens. — Rapports quotidiens du Contrôleur des rondes. — Pointage du personnel à l'entrée et à la sortie, pendant le travail de nuit, pour assurer l'interdiction de l'accès des Ateliers aux personnes étrangères à la Maison.

Surveillance des Becs de gaz. — Réglementation de la consommation dans les divers services. — Mesures à prendre en cas de fuites de gaz. — Les Allumettes suédoises de sûreté sont seules autorisées. — Défense expresse de fumer dans les Ateliers ou les Bureaux ; — pénalités : amende, renvoi.

(Voir Brochure n° 7, page 19, et Bulletin de service n° 10.)

2° PREMIERS SECOURS

Canalisation d'eau forcée de la Seine, toujours en charge. — 23 bouches d'eau, avec leurs tuyaux souples et leurs lances montés sur les robinets. — Eau en abondance et à haute pression obtenue par un simple demi-tour de clé à l'un des 23 robinets. — 70 seaux toujours pleins d'eau, répartis sur les différents points de l'Établissement. — Pompe d'incendie à bras. — Canalisation d'eau de l'Ourcq, pouvant alimenter la pompe d'incendie. — Quatre Réservoirs supérieurs, dans lesquels de l'eau de puits est élevée au moyen d'une machine spéciale. Harpons, haches, crochets, échelles, éponges, toiles, seaux, sable. — Machines à vapeur permettant de refouler l'eau de l'Ourcq dans les ateliers et sur les toits. — Tuyaux et robinets pour diriger la vapeur d'eau des chaudières dans les lieux menacés. — Personnel exercé aux manœuvres d'extinction du feu ; — Réunions et exercices mensuels. — Petite pharmacie pour les premiers soins à donner aux asphyxiés.

(Voir Brochure n° 7, page 17, et Bulletin de service n° 9.)

3° SAUVETAGE

Des voies de sauvetage du personnel, établies en prévision des cas d'incendie, existent au nombre de deux au moins dans chaque atelier ou bureau. — Échelle spéciale à coulisses ; échelle spéciale à crochets ; 15 échelles diverses. — Sac en toile de 15 mètres de développement pour le sauvetage par les fenêtres des étages supérieurs ; — Ceinture de sauvetage avec corde à bilboquet et filagore. — Haches pour le défonçage des portes. — Passerelles et escaliers avec balustrades sur les toitures.

(Voir Brochure n° 7, page 17, et Bulletin de service n° 9.)

PARTICIPATION AUX BÉNÉFICES

ET

CAISSE DE PRÉVOYANCE ET DE RETRAITE

EXTRAIT DU RÈGLEMENT

INTÉRÊT DE PARTICIPATION. — La Participation aux bénéfices et la Caisse de Prévoyance et de Retraite ont été fondées en 1872. Le premier fonds en a été constitué au moyen d'une somme de 52,000 francs mise en réserve à cet effet depuis plusieurs années, et répartie entre les Ouvriers et Employés ayant au moins trois ans de présence, à raison de 50 francs par année de service.

A partir de 1872, prélèvement annuel sur les bénéfices de la Maison, réparti au prorata des salaires ou appointements. Ce prélèvement est divisé en trois parts :

1/3 remis chaque année au participant ;

1/3 qui lui est définitivement acquis et qui est porté à son compte pour former un fonds de Prévoyance et de Retraite ;

1/3 porté au même compte, mais acquis seulement à l'âge de 60 ans ou après 20 années de présence non interrompue dans l'Établissement.

Les intérêts de la deuxième et de la troisième part sont payés au participant, mais le Capital est réservé à ses héritiers.

CONDITIONS D'ADMISSION. — Pour être admis participant, il faut avoir trois ans de présence consécutives dans la Maison. — Les Apprentis sont participants à partir du 1er Janvier de l'année dans laquelle finit leur apprentissage. — Autorisation de travailler au dehors en cas de baisse dans les travaux. — Admission sans stage des Ouvriers ou Employés déjà participants dans un autre Établissement.

COMITÉ CONSULTATIF ET DE SURVEILLANCE — composé de dix-huit membres, dont neuf nommés à l'élection, et neuf désignés à l'ancienneté. — Réunions trimestrielles. — Assemblées générales annuelles.

RÉSULTATS :

Les sommes réparties depuis 1872 jusqu'au 31 décembre 1875, s'élèvent à 238,031 fr. 69 c.

Le Tableau suivant donne, à titre d'exemples, des chiffres extraits de quelques Livrets de Participants.

EXEMPLES	RÉPARTITION UNIQUE FAITE EN 1872 À RAISON DE 50 francs par année d'ancienneté — 117 PARTICIPANTS	1re RÉPARTITION ANNUELLE 1872 — 10 % des appointements ou des salaires — 132 PARTICIPANTS	2e RÉPARTITION ANNUELLE 1873 — 7 % des appointements ou des salaires — 162 PARTICIPANTS
	FRANCS	FRANCS	FRANCS
LIVRET No 1	1.300	240	165
do 10	900	261	167
do 20	800	169	117
do 30	651	123	71
do 40	150	223	183
do 52	350	276	202
do 60	300	204	136
do 70	300	111	300
do 80	250	183	127
do 90	290	280	207
do 100	150	251	174
do 150	—	—	—
do 200	—	—	—
do 250	—	—	—
do 296	—	—	—

EXEMPLES	3e RÉPARTITION ANNUELLE 1874 — 10 % des appointements ou des salaires — 232 PARTICIPANTS	4e RÉPARTITION ANNUELLE 1875 — 6.9 % des appointements ou des salaires — 300 PARTICIPANTS	TOTAL DE CHACUN DES COMPTES INDIVIDUELS CITÉS y compris l'intérêt et les déchéances
	FRANCS	FRANCS	FRANCS
LIVRET No 1	254	135	2.527 39
do 10	261	184	2.001 94
do 20	177	126	1.633 59
do 30	110	70	1.261 79
do 40	267	208	1.347 35
do 52	300	197	1.279 71
do 60	217	117	999 72
do 70	456	300	1.577 63
do 80	104	197	816 71
do 90	318	222	549 49
do 100	262	168	468 63
do 150	276	183	173 52
do 200	123	165	292
do 250	—	429	129
do 296	—	183	183

Voir Brochure nos 1, 2, 3 et 4.

MESURES CONTRE LES ACCIDENTS

DESSINS D'APPAREILS — 4 Tableaux

1ᵉʳ TABLEAU

PLAN

DE L'INSTALLATION DES SONNETTES ÉLECTRIQUES D'ALARME

POUR REQUÉRIR LE DÉBRAYAGE INSTANTANÉ DES MACHINES

EN CAS D'ACCIDENT

ET

DESSINS DES APPAREILS ADAPTÉS AUX MACHINES

EN VUE DE PRÉVENIR TOUT DANGER

2ᵉ ET 3ᵉ TABLEAUX

DESSINS

DES SYSTÈMES QUI PERMETTENT LA SUPPRESSION DES POULIES FOLLES

ET DU MOUVEMENT DES COURROIES

PENDANT L'ARRÊT DES MACHINES, PAR L'EMPLOI D'APPAREILS DÉTENDEURS

4ᵉ TABLEAU

DESSIN DE L'APPAREIL

A L'AIDE DUQUEL ON OBTIENT

LE DÉBRAYAGE INSTANTANÉ DE L'ARBRE PRINCIPAL

POUR L'ARRÊT IMMÉDIAT DES MACHINES EN CAS D'ACCIDENT

Voir Brochure n° 7

RÉCOMPENSES DÉCERNÉES

CHEF DE L'ÉTABLISSEMENT

1867 — **Médaille d'honneur en argent** de la *Société de Protection des Apprentis et des Enfants employés dans les Manufactures.*

1870 — **Médaille d'argent** de l'*Association française contre l'abus du Tabac.*

1871 — **Croix de bronze** de la *Société de Secours aux Blessés des armées de terre et de mer.*

1872 — **Médaille d'honneur en argent** de la *Société libre d'Instruction populaire.*

1873 — **Médaille d'honneur en or** de la *Société d'Encouragement au bien.*

1873 — **Croix de Chevalier de la Légion d'Honneur.** (Services rendus à la classe ouvrière. — Décret du 9 Mai 1873.

1874 — **Palmes d'Officier d'Académie.** (Arrêté ministériel du 22 Juin 1874.

1874 — **Médaille d'honneur en argent** DÉCERNÉE AU CONCOURS par la *Société de Protection des Apprentis et des Enfants employés dans les Manufactures,* pour les mesures prises en vue de prévenir les accidents de fabrique.

VUE

DE L'ATELIER PRINCIPAL

DE

L'IMPRIMERIE CENTRALE DES CHEMINS DE FER

A. CHAIX & Cie

RUE BERGÈRE, 20, PRÈS DU BOULEVARD MONTMARTRE

A PARIS

RÉCOMPENSES OBTENUES

PAR LE

PERSONNEL DE L'ÉTABLISSEMENT

1868 — **Médaille de bronze** de la *Société d'Encouragement pour l'Industrie nationale*. . . . . M. GIRARD
Contre-Maître

1869 — **Médaille de bronze** de la *Société de Protection des Apprentis et des Enfants employés dans les Manufactures*. . . . . M. BERGER
Professeur

1871 — **Palmes d'Officier d'Académie** . . . . M. BERGER
Professeur

1874 — **Médaille de bronze** de la *Société de Protection des Apprentis et des Enfants employés dans les Manufactures*. . . . . M. MARAIS
Professeur

1875 — **Médaille de bronze** de la *Société d'Encouragement au bien* . . . . M. MARAIS
Professeur

1875 — **Médaille d'argent** de la *Société d'Encouragement au bien* . . . . M. BOON
Contre-Maître

1875 — **Médaille de bronze** de la *Société d'Encouragement au bien*. . . . . M. BOYER
Ouvrier Compositeur

1875 — **Médaille d'argent** de la *Société de Tempérance*. M. BRETON
Contre-Maître

1875 — **Médaille de bronze** de la *Société de Tempérance*. M. MARAIS
Professeur

1875 — **Médaille de bronze** de la *Société de Tempérance*. M. BOYER
Ouvrier Compositeur

1876 — **Médaille de bronze** de la *Société de Tempérance*, accompagnée d'une prime de 25 francs. . . . . M. GUYOT
Ouvrier Compositeur

1876 — **Médaille d'argent** décernée au concours par la *Société de Protection des Apprentis et des Enfants employés dans les Manufactures (Œuvre des accidents de fabrique* . . . . M. DUFOUR
Contre-Maître

II

BROCHURES

\

L'APPUI DES TABLEAUX

NOMENCLATURE

DES

BROCHURES EXPOSÉES

N° 1 — Règlement pour un intérêt de Participation dans les bénéfices et une Caisse de Prévoyance et de Retraite en faveur du personnel de l'Établissement (*Mai 1872*).

N° 2 — Participation et Caisse de Prévoyance et de Retraite — Première Répartition annuelle (*Avril 1873*).

N° 3 — Notice sur l'École professionnelle des jeunes Typographes de l'Établissement (*Août 1873*).

N° 4 — Compte rendu de la distribution des Prix aux Élèves de l'École professionnelle (*Septembre 1873*).

N° 5 — Participation et Caisse de Prévoyance et de Retraite — Deuxième Répartition annuelle (*Avril 1874*).

N° 6 — Compte rendu de la distribution des Prix aux Élèves de l'École professionnelle (*Septembre 1874*).

N° 7 — Mesures contre les accidents, et Institutions de prévoyance établies dans la Maison (*Octobre 1875*).

N° 8 — Compte rendu de la distribution des Prix aux Élèves de l'École professionnelle (*Septembre 1875*).

N° 10 — Participation et Caisse de Prévoyance et de Retraite — Troisième et quatrième Répartition annuelle (*Mars 1875 et Avril 1876*).

PIÈCES ANNEXES

N° 1 — ÉCOLE PROFESSIONNELLE. — Conférence sur l'abus du Tabac.

N° 2 — Quelques Conseils d'hygiène aux jeunes Apprentis.

N° 3 — Statuts de la Caisse de secours mutuels, et Règlements de la participation dans les bénéfices et de la Caisse de Prévoyance et de Retraite.

N° 4 — Instructions pour le Service d'incendie (*Bulletin n° 9*).

N° 5 — Instructions pour le Service des Surveillants de nuit (*Bulletin n° 10*).

N° 6 — Livret d'Apprenti.

N° 7 — Carnet de poche des Apprentis.